Flower and Girl Polygon Artwork
Sticker Coloring Book

DNA DesignStudio 정품 인증 마크

DNA DesignStudio에서 디자인/제작한 제품이란 것을 인증하는 마크입니다. 오리지널 마크로 유사 상품과는 다른 차별성을 지니고 있습니다.
이 로고를 확인하여 DNA DesignStudio에서 제작한 정품임을 확인해 주세요.

저자 소개

DNA디자인스튜디오

DNA디자인스튜디오는 '세상에 없던 유니크한 즐거움~!'을 모토로 모두가 즐거워할 수 있는 콘텐츠를 기획하고 디자인합니다.
디자인의 긍정적인 기능으로 인해 많은 사람들이 삶에 가치를 더하기를 기대합니다.

독창적인 디자인 스타일을 기반으로 새로운 시도에 앞장서며 브랜딩, 콘텐츠 개발, 상품 개발, 출판 등 다양한 분야의 콘텐츠 개발 프로젝트를 진행하고 있습니다.
특히, 데코폴리 브랜드는 폴리곤아트를 이용한 상품군으로 다양한 각면이 빛의 방향과 색에 따라 오묘하게 달라지는 느낌을 표현하여 다양한 제품과 콘텐츠에 담고 있습니다. 인테리어 소품으로 많이 사용되며, 나의 공간을 보다 감각적이고 센스 넘치는 공간으로 재탄생 시켜 줄 것입니다.

이 책을 읽기 전

스티커 컬러링 북을 소개합니다.

DNA디자인스튜디오는 '세상에 없던 유니크한 즐거움'을 모토로 개발자와 고객 모두 즐거울 수 있는 제품을 개발하고 있습니다. 어떤 요소가 소비자로 하여금 즐거움을 이끌어낼 수 있을까 고민하다가 '스티커 컬러링 북'이라는 아이템을 개발하게 되었습니다.

바쁜 일상에 지쳐 훌쩍 여행을 떠나고 싶을 때가 있나요? 스티커 컬러링 북을 체험하며 사사로운 감정과 생각에서 멀어져 아트의 세계로 빠져보세요. 풀, 가위, 칼과 같은 별도의 준비물이 필요 없어 책 한 권만 있으면 언제 어디서든 힐링을 즐길 수 있으며 금세 여행을 떠난 듯 휴식을 취할 수 있습니다.

이런 분들에게 추천해요!

어린이 / 청소년
스티커를 떼었다 붙였다 하며 손가락을 움직이기 때문에 소근육을 자극해 **두뇌향상**에 도움이 되며 성장기 아이들에게 추천합니다.

초·중 교육기관, 청소년수련관, 아동복지센터에서 교구/체험활동/선물로 많이 사용됩니다.

성인
일상에 지쳐 힐링 아이템을 찾고 있는 **직장인**, 친구와 공유할 취미를 찾고 있는 **대학생**, 애인과 함께 추억할 아이템을 찾고 있는 분, 집에서도 즐거운 집순이 집돌이, 아이와 함께할 놀이를 찾고 있는 **부모님**, 태교 선물 등 **취미**, 힐링템을 찾고 있는 분들에게 추천합니다.

노인
퍼즐 맞추기, 같은 숫자 찾기, 색감 맞추기 등 **치매예방**에 좋은 활동이 **책 한 권**에 들어있어 시니어 분들에게 추천합니다.

노인복지회관, 건강증진센터, 요양병원, 보건기관에서 많이 사용됩니다.

이렇게 활용해봐요!

내 손으로 직접 완성한 작품은 인테리어 소품으로 활용할 수 있으며 공간을 더욱 화사하게 만들어 줍니다.
조각조각 스티커를 붙이며 아트에 생기를 불어넣고 나의 일상에도 행복을 채워보세요.

#스티커컬러링북 #취미 #힐링 #베스트셀러 #책추천 #교구 #취미 #힐링 #아트테라피
#컬러테라피 #집콕놀이 #집순이 #집돌이 #선물 #태교선물 #치매예방 #DIY

같이 사용하면 좋아요!

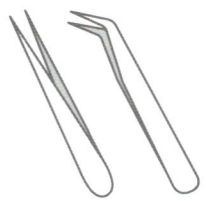

핀셋
손으로 붙여도 큰 어려움 없이
붙일 수 있지만 핀셋을 사용하면
더 쉽고 정교하게 붙일 수 있어요.

액자
액자를 사용하면 안전하고 깨끗하게
더 오래 보관할 수 있어요.

CONTENTS

01 Gentle First Love
부드러운 첫사랑

02 Pure Promise
순수한 약속

03 Unchanging Heart
변치 않는 마음

04 Sweet Confession
달콤한 고백

05 Golden Passion
황금빛 열정

06 True Love
진실한 사랑

07 Precious Memory
소중한 기억

08 Serene Beauty
고요한 아름다움

09 Fluttering Moment
설렘의 순간

10 Gentle Affection
온화한 애정

11 Shy Wish
수줍은 소망

12 Mysterious Dream
신비로운 꿈

CONTENTS

꽃과 소녀, 사랑스러운 조화. 꽃 속에서 피어나는 소녀의 마음을 폴리곤 아트웍으로 담아냈습니다. 스티커를 붙여가며 꽃의 색과 꽃말에 담긴 감정을 그려낸 소녀들의 이야기를 만나보세요.

88 pcs

01 Gentle First Love 부드러운 첫사랑
부드럽고 따뜻한 첫사랑의 감정을 담은
분홍빛 라넌큘러스와, 온화한 미소의 소녀.
꽃말: 꾸밈없는 아름다움 / 사랑스러움

124 pcs

02 Pure Promise 순수한 약속
새로운 시작과 깨끗한 사랑을 꿈꾸는,
흰 백합을 닮은 소녀의 순수한 약속.
꽃말: 순결 / 순수한 사랑 / 새로운 시작

102 pcs

03 Unchanging Heart 변치 않는 마음
변치 않는 사랑의 약속을 담은 리시안셔스와,
그 마음을 영원히 간직한 소녀.
꽃말: 변치 않는 사랑

94 pcs

04 Sweet Confession 달콤한 고백
사랑의 시작을 담은 분홍빛 장미와, 그 마음을
조심스레 전하는 소녀.
꽃말: 사랑의 시작 / 사랑스러움 / 감사

110 pcs

05 Golden Passion 황금빛 열정
꿈을 향해 나아가는 소녀를 비춰주는,
황금빛 달리아.
꽃말: 열정 / 에너지 / 창의력

97 pcs

06 True Love 진실한 사랑
진실한 사랑을 소망하는 소녀를 품은,
아름다운 붉은 장미.
꽃말: 열정적인 사랑 / 아름다움

85 pcs

07 Precious Memory 소중한 기억
제라늄 프라텐세 꽃처럼, 인연을 소중히
여기는 마음을 가진 소녀.
꽃말: 나에게 특별한 사람 / 소중함 / 친근함

102 pcs

08 Serene Beauty 고요한 아름다움
고요한 아름다움을 간직한 소녀와 함께
피어오르는 아름다운 작약.
꽃말: 순수함 / 신뢰 / 사랑

114 pcs

09 Fluttering Moment 설렘의 순간
두근거리는 설렘을 품은 주황빛 장미처럼,
따스한 마음을 지닌 소녀.
꽃말: 설렘 / 매혹 / 감정의 변화

10 Gentle Affection 온화한 애정
감사의 마음을 품은 리시안셔스처럼, 온화하고
따뜻한 마음을 가진 소녀.
꽃말: 사랑스러움 / 감사의 마음

11 Shy Wish 수줍은 소망
수줍은 소녀의 소망을 간직한, 은은하게
피어나는 사랑스러운 작약.
꽃말: 다정함 / 수줍음

12 Mysterious Dream 신비로운 꿈
클레마티스 꽃처럼, 신비롭고 지혜로운 꿈을
품은 비밀스러운 소녀.
꽃말: 새로운 도전 / 지혜

순수한 소녀들과 함께 피어난 꽃의 아름다운 이야기

꽃 속에 담긴 소녀의 마음.

수줍은 소녀의 소망을 간직한 사랑스러운 작약, 꿈을 향해 나아가는 소녀를 비춰주는 황금빛 달리아, 변치 않는 사랑의 약속을 담은 리시안셔스와 소녀, 진실한 사랑을 소망하는 소녀를 품은 아름다운 붉은 장미 등 꽃과 소녀의 조화로운 이야기를 12개의 폴리곤 아트웍으로 담아냈습니다.

완성 후 인테리어 소품으로 사용할 수 있는 높은 활용도까지!
스티커 컬러링 북 꽃과 소녀, 지금 바로 만나보세요.

간편하게 즐길 수 있는 방법

01 작품 선택
12개의 아트웍 중 원하는 그림을 고릅니다. 아트웍 시트마다
스티커 조각 수가 달라 처음에는 스티커 조각이 적은 순으로
시작하면 좋습니다.

02 스티커 찾기
아트웍과 같은 스티커를 찾아 떼어 낸 다음 같은 번호끼리 차례로 붙여줍니다.
스티커를 붙일 때 중앙에 맞게 붙이면 더욱 깔끔한 작품이 완성됩니다.

03 작품 완성시키기
12가지의 완성된 작품은 인테리어 장식 포스터로 활용이 가능합니다.
예쁘게 장식해 보세요!

Gentle First Love | 부드러운 첫사랑

Unchanging Heart | 변치 않는 마음

Sweet Confession | 달콤한 고백

Golden Passion | 황금빛 열정

True Love | 진실한 사랑

Serene Beauty | 고요한 아름다움

Fluttering Moment | 설렘의 순간

Gentle Affection | 온화한 애정

Mysterious Dream | 신비로운 꿈

스티커 컬러링 북
Sticker Coloring Book

Flower and Girl Polygon Artwork

꽃과 소녀

*스티커 컬러링 북 신규 서적 '꽃과 소녀'

데코폴리 스티커 컬러링 북과 함께 해요

휴식과 힐링을 원하는 당신에게 드리는 작은 선물!

로우 폴리곤 아트를 활용한 다채로운 이미지를 통해 조각조각 입체적인 세상을 만나볼 수 있습니다. 각 12개의 아트웍으로 구성되어 있으며, 도안에 적힌 번호 순서대로 스티커를 붙여나가다 보면 어느덧 멋진 나만의 예술작품이 완성됩니다.

DNA디자인스튜디오의 '데코폴리 스티커 컬러링 북 시리즈'를 통해 일상에 새로운 재미를 선물해보세요!

#컬러테라피 #안티스트레스 #스티커 #컬러링북 #꽃 #소녀 #아름다움 #이야기

데코폴리 스티커 컬러링 북 시리즈

새 / 동물 / 바다 생물 / 조선 왕실 / 제주 풍경 / 제주 랜드마크 / 강아지

고양이 / 공룡 / 우주 / 플라워 / 세계랜드마크 / 곤충 / 광주 풍경

  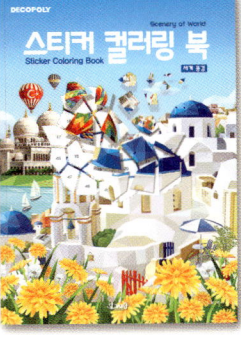 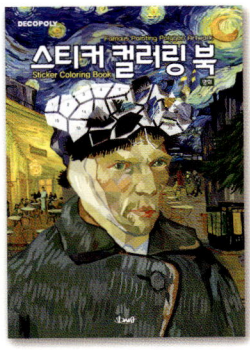  

전설의 동물 / 한국 전통 의복 : 한복 / 세계 풍경 / 명화 / 동물2 / 꽃과 소녀

DNA디자인스튜디오의 데코폴리 스티커 컬러링 북이 다양한 시리즈로 출시될 예정이니 앞으로도 많은 관심 부탁드립니다.

꽃 속에 담긴 소녀의 마음, 스티커 컬러링 북 꽃과 소녀

데코폴리 스티커 컬러링 북, 이렇게 활용해요!

나의 공간을 화려하게 만들어 줄 '데코폴리 스티커 컬러링 북'
1. 도안에 적힌 순서대로 스티커를 붙여 그림을 완성시켜줍니다.
2. 멋진 예술 작품이 된 그림을 잘라 원하는 곳에 붙여주거나, 액자에 넣어 벽면에 걸어주세요.
3. 나의 방, 거실, 카페 등 전시했을 경우 아름다움은 두 배가 됩니다.